사각지대

배순금 시집

들꽃시선 99

사각지대

배순금 시집

책머리에

詩作을 한지 어느새 십 팔년 째! 침묵의 터널은 참으로 길었습니다.

이천 팔년의 허리를 지나 또 하나의 이정표는 파란 가을하늘을 향하여 청맑은 목소리를 내는 듯 합니다. 침묵 속에서도 늘 곁에서 함께 생활해 온 시심은 항상 나를 일으켜 세워주는 구원의 손짓을 부르곤 하였습니다. 하여 지나온 세월들이 살아온 너의 발자국을 뒤돌아보고 싶다며 마구 속살거렸습니다.

그칠 줄 모르는 내 영혼의 몸부림과 고독한 싸움은 한 편 한 편의 노래로 승화되어 지면에 쏟아내곤 더욱 아름다운 시야를 갖게 되었습니다. 교직에 몸담고 있으면서 시를 가꾸는 일이 결코 쉬운 일은 아니라고 생각하면서 늦게나마 『사각지대』란 제목의 시집을 출간하게 되었습니다.

늦은 만큼 성숙한 모습의 시집으로 태어나기를 소원하지만 아직 미흡한 듯 부끄러운 생각이 듭니다. 제2, 제3의 시집은 체험의 광장에 서서 쓴 시를 꾸미고 싶습니다.

말없는 가운데 곁에서 항상 웃음 띈 얼굴로 조언해 주는 남편과 엄마를 자랑스럽게 생각하는 두 아들!

우리 가족의 훈훈함이 한데 녹아들어 엮어졌기에 더욱 알차졌지 않나 생각합니다.

끝으로 그 동안 지도해 주신 채규판 교수님과 출판을 맡아주신 도서출판 들꽃 대표님 및 임직원 모든 분들께 감사의 말씀을 올립니다.

2008. 입추에

유정 배 순금

사각지대

차례

묶음 하나 : 살아갈 날들에

묶음 둘 : 겨울 바다

묶음 셋 : 달빛 사랑

묶음 넷 : 가을 산

묶음 하나

살아갈 날들에

격포기格浦紀

오래 헤어져 있어 지친
그리움은
적막을 조각하는
하이얀 물거품

그 여름의
가슴 저린 해후는
마냥
푸르른 녹음

새순 올려
피워 낸
진홍빛 꽃잎

아늑하고 산뜻한 바다는
만개한 부용화,
상기된 얼굴을
햇살로 씻고
나를 반기네

긴 그림자 밟고
썰물 쫓아간 세월

그 여정만큼
통통히 오른 속살은
무시로 피어나는
모래알 연가

수평선에 엎디어
몸짓하는 해조
그 울음은
목마름으로 타는 노래

밀어라네
연가라네.

지금도 그 찻집은

그 누구
그리움의 허공을 메워 줄 듯 싶은
그런 날
약속이 있는 듯한 혼돈을
애써 붙든다

코린트식 육중하고 화려한 문
그 속에는
끊길 듯 이어지는 로-라의 선율
그림자로 다가오는 빈 자리
한 잔의 백포도주가 있다

뿌우연 안개 속에 끌며 끌리우며
목 줄기 타 내리는 지난날의 음계는
되살아나
자라는 나무가 되고
경마장의 경마가 되고
마침내 활화산이 된다.

살아갈 날들에

밤새도록
산을 넘고
들을 건너 온 바람
해를 밀어 올리듯

골짜기 누비던
먹구름 천둥번개
그 포효
아름다이
무지개 그리듯

감꽃 한 가지
아슬하게 피워내던
고사목
그 가을의 끝자리
터질 듯한 홍시로
은총의 햇살 눈부시듯

얼키고 설키어

고단한
마음의 실타래
죄다 그리움으로 풀어
눈을 감으면

무욕과 겸허 속
영혼 맑게
한 가닥 빛줄기로
유영하라 이른다

살아갈 날들에.

썰물 · 1

그 무엇을 탓할까

일상의 모든 티끌까지도
털어내어 투명한
뇌세포의 숨 쉬는 소리가
들리는 듯

이제야 들려오는
아이들의 목소리

이제야 느껴지는
사람의 향기

어디서부터 오길래
그리도 더디었나

방방거리며
이리 뛰고 저리 닫는 동안
바쁨 속에 가리워진

아이들의 소리 없는 아우성

빛깔을 달리하며 유영하던
지난 시간들
속죄의 시공으로 난
면죄부의 리본을 달아
화살을 당긴다

아이들이 살갑다
살가운 아이들이
내 곁을 맴도는
이 행복은

새로이 다가온
사십여 년 만의
사랑일줄이야

무시로
묻어나던 고단함도
이제는

가벼워진 어깨 위로
스쳐가는 산뜻한 바람

내려놓아 가뿐해진
환한 가슴.

썰물 · 2

어쩌면 이리도
홀가분할까

썰물 한 떼가
쫘악-
빠져나가니

내 생애 사십여 년
가르침의 세월을
한 획으로 그으며

그 기세의 볼에
불그레한 홍조는
무슨 의미일까

어쩌면 용하게도
빗줄기 사이사이를
비켜가며 돌아가는
수레바퀴를 본다

타인들의 눈에는
텅 빈 수레

나의 눈에는
이제야
이제서야
만滿수레

훌훌 털어 내어
개운해진 몸과 마음은
흐드러진 나만의 여유로
빈 듯 감미롭다.

그리움

먼 데
아지랑이 나들이 떠난 뒤
연두 빛 싱그러운 들판
쏟아지는 봄 햇살 타고

화사한 꽃눈 되어
나풀나풀 내려앉는
어여쁜 이여.

능선너머
골 따라 달려오는
모진 꽃샘바람

그리움이 그리움을
부둥켜 돌아서면
벌겋게
벌겋게 물든 가슴

꽃눈은

꽃비 되어
뜨거워진 눈시울
봇물 이루고.

진달래

이승에선
이루어질 수 없어

그리워
그리다가

더는
인내할 수 없는
만삭이여

참고 참다
토해 내었다

다섯 갈래
피멍울.

하얀 그대

추억이란 이름으로
하얗게 각인된 그대는

지나간 한 때의 아름다이
이름 있는 풀꽃인가

진득하고 영롱한
향기를 간직한 채
초원의 바람으로 떠돌다가

'잿빛 하늘인 날'
'첫눈으로 설레는 날'
'홀로 외로운 날'
'바람 부는 석양' 에

살며시
눈물로
기쁨으로
내 곁에 맴돈다.

초겨울 소곡

나의 긴 침묵에 고삐 매달아
어디로
어디로
끌고 갔나

해질녘
목을 늘이고 까치발 딛는 눈동자
그 물끼 거두어
빛으로 서는 그리움
안타까이 적시 울 때

찬바람은
작은 소야곡 흐르는
빈 들을 서성이고
끌려간 침묵 속에 저미는 첫정

잉크 빛 상심은
하이얀 파편 되어
나풀나풀 내리었나.

길

길을 간다
내가 가는 이 길은
강이 변하고 산이 변하리

걸어 걸어서 왔어도
저버릴 수 없는 무엇이 흐르고 있어
두 다리 아프련만 아프지 않아

못 다 채운 나날의 목마름을
기다림의 긴 여정 위
그리움 풀어 싣고

그 포도 위를 지나는
버거운 수레는
도리깨침 흘리며
몸풀날 헤아린다

내 스스로 열고 마주하는 눈빛
늘 신신한 등불 켜려

쉬임없이 달려가는 길

오래 입어 길들여진 헌옷처럼
진득한 정은
마당쇠 울타리 넘나드는 바람,
고향의 향수이리라

가지 않는다면 하루라도
가지 않는다면
두 눈 부릅뜨고 날을 세운 내 영혼
쇠 소리를 내며 질식하지 않으려
고통은 하늘에 매단 채
숙명의 길을 간다.

어디선가 들려오네

어디선가 들려오네
속울음 삼키며 흐르는
저 강의 방황하는 물소리

어디선가 들려오네
긴 가뭄의 끝
물 마른 남새밭 서걱이는 억새소리

물소리, 바람소리로
못다 한 안타까움
툭 툭 터뜨리며
하얀 손짓 내보이는
지친 그리움의 소리,
소리들

무릇 제자리로 겹겹이 문고리 걸고
안에서 켜지는 청靑등은
메아리도 같이 가라
따라 가라 채근하네.

불씨

달아나려
조금씩 달아나려
움 돋는
공연한 트집으로

어찌하면 혼자만의
가뿐한 뺄셈을 하고는
빈 가슴을 쓸어내린다

십수년을 다듬이질 해온
깊은 의미의 몸짓이여

그대
끊길 듯 가느다랗게
싸고도는 은은한 빛무리의 숨결로
아득해지다가

까딱까딱 돋아나는
불씨 하나

갑자기 환히 불을 켠 꽃등은
나의 한쪽 어깨를 붙들어 매고
끈끈한 숙명이라고
자맥질한다.

억새풀

가버린
바람 자락
밉지만은 않아

멍든 가슴
추스르며 그대
뒷모습에 마음 주고

하 기나긴 추동절기
선채로
목 꺾고 응시하는
집요한 눈빛

세찬 바람에
하나씩
사랑의 분신마다
그리움 매달아
커 가는 빈자리로
날려 보내는 기쁨이다가

다 내어주고는
허탈한 웃음으로
서걱이며 흔들릴 뿐

빈 들녘
둔덕에 그믐달이
서럽다.

들꽃

찬바람에 상채기 난 낙엽보다도
한사코
상심하는 겨울 파도보다도
더욱
아파하는 마음이었다

누구 하나
영롱한 눈맞춤
보내지 않는 세월
기다림의 여정 속에
가녀리고 허연 웃음
날리고 날리다가
지친 날개 접는 석양이 와도
키발 딛고 고개 늘여
염원하는 눈빛
그것은
뿌리로 자란 그리움이었다

하늘 가는 꽃구름

빛살 모으는 샛바람 그리고
은하 타고 오르는
여명의 새벽이슬

잠깐 동안에
스러질 열정조차도
받아들일
목마름이었다.

물망초 그 꽃잎

머언 곳 외려 가깝다
몸짓으로 만류하고

그믐사리 조수
초여드레 조금이라
사랑의 손짓 보채이며

에움길 황토 백리
촌음 다퉈 기적으로 다다르더니

한 바탕
달무리의 뒤척임

뚝 뚝 지는
물망초 그 꽃잎은
세월의 수효를 거스른다.

사랑앓이

기세도 등등하게
환희로 여울지던 강물

언제랴
평온으로 잠자고

눈부신 어린魚潾
훌훌 떨어내면서
속살로 환히 누울 때

뜨거운 눈물은
주루룩
시린 볼을 내리고

강물은
찬 가슴을 적시며
참았던 큰 울음
벼랑을 탄다.

빈 가슴

겨울로 내닫는
자줏빛 노을이
수정 구슬을
지천至賤으로 토해낼 때

그리움에 짓눌려
붉어진 두 눈동자

스믈거리는 문풍지 헤집고
귀향하는
한 줄기 된새바람은
정녕
그대의 전갈이런가

슬픔 가득
빈 가슴
만선되어 출렁인다.

분홍빛 상사화

홀로 일어서려니
얼마나 힘이 들까

간 밤 철이 든 비(雨)가
촉촉한 대지에 힘을 실어주니
무리로 솟아오른 낯선 기둥들

무심코 지나치려니
갑자기 주위가 환해진다

여섯 개의 입술이
활짝 벙글어 소근대니
삼복더위도 저만치 비켜선다

이태도록 만나지 못한 임
그리워 그리다가

뚝 뚝
눈물짓는

가면 오고
오면 가버리는
야속한 님

아-
그리운 그대여.

넌 모르지

빈 가지 흔들며
침묵을 거스르는 바람아
넌 모르지

쉬임없이 밀려 왔다
밀려가는 하얀 파도야
넌 모르지

새 봄을 잉태하고
기지개켜는 빈 들녘아
넌 모르지

물바가지에
깨 들어붙듯
소리 소문 없이
커 가는
그 들만의 사랑을.

그대 목소리

언제부터인가
내겐 올려다보는 버릇이 있다

끝간데 없는 저 하늘
서글한 눈매
벙그는 입술

핏빛 기둥으로
우뚝 선 보고픔은
차마 소중한 눈물

길 잃은
갈이파리 발등을 덮고
뿌리로 누우면

실바람에 얹혀
아슴아슴 들려오는
그대 목소리.

묶음둘

겨울 바다

미망未忘

-갑작스런 시동생의 죽음을 애도하며

님이시여!
두 눈 고웁게 내려 감고
무슨 생각에 잠기셨나요
애타게 불러 봐도
메아리만 울릴 뿐

먼 데 산등성이
구름타고 내려오시던 님은
'반가워라' 맨발로 맞이하려는 찰나
홀연히
흔적도 없이 사라졌네요

괴괴한 산 속 공원묘지
봉분들 병풍을 두르고
푸드득 비상하는 장끼
다람쥐와 산비둘기 벗하며

사계에 피고 지는
들꽃과 담소하고

비바람 천둥번개 눈보라 속에서도
의연하고 굳건한 모습으로
이승의 오욕五慾 칠정七情 모두 사하고저
화갑華甲도 되기 전 맨 먼저
한 벌 베옷을 입으셨나요

돌아서서 흐르는 눈물 훔쳐내고
먼 하늘 바라보노라면
온후하게 미소 띤 얼굴로
가까이 다가오는 듯

다정히 부딪던 눈빛
아련하고
나지막이 부드럽게
휘감겨 오는 님의 음성

모두가
독한 그리움으로 애처로이 매달려
남아있는 우리들 가슴 속
이토록 후비며 아리게 하는지요

이 아픈 가슴
서럽고 허전한 마음을

님은 아시는지요

님이시여!
이제 부디
새 집에서
새 옷 갈아입고

훠어 얼--- 훠어 얼---
무거운 짐일랑
못 다한 아쉬움일랑
가뿐히 내려놓고

사랑하는 가족들
굽어다 내려 보며
편안히 산천유람 하소서.

*시동생(김환중 부이사관): 전라북도교육청 기획관리국장으로 재직 중 지난 2008년 6월 6일 울릉도에서 갑작스럽게 숨을 거둠.

어머니

모르고
이제껏 살았습니다

그저 철따라
피고 지는
꽃인 줄 알았습니다

이냥 저냥
가는 세월 편에
따라가는 줄 알았습니다

불혹의 문지방
찾아든 늦은 철로
무릇
다가오는 그 마음

이지러진 열 손가락
묻어나는 울음소리
한결 같으매

아,
저며 오는
어미 마음
지금도 다 알지 못합니다

가만 가만
낮은 목소리로 사르는
정과 열

다스려 갈무리 된
넉넉한 인고의 미소

숭숭 뚫린
어머니의 등받이에
땡볕도
뒷걸음질치는
엄숙함이여

문드러진 지문 속에
살아 숨쉬는
위대함이여.

겨울 바다 · 1

이 아침
물안개에 젖은
그대 얼굴은
기다림으로
밤새 뒤척이며
한사코 상심하던 가슴이다

그토록
풍요롭던 살내음
족적도
흔적 한 오라기도 없이
냉소만 남기고 떠나간
계절의 뒤란에서

나상裸像으로 불붙던
그 밀어들을
속 깊은 곳 잠재우고
정적 속에 벌써
다시 올 그들의 발길을

썰물 진 갯벌은
기다리는가

하이얀 속삭임을
파아란 꿈으로 영글리며
그대는
암갈색 굽이굽이
침묵의 계단을
오르내리는가.

겨울 바다 · 2

물안개 서서히
수평선 너머로 밀려가면
그대는
알몸인 채
낮은 목소리로 다가와

이 계절엔 늘
성글어져 외롭다
귓전에 속삭이며
온몸으로 부딪다가

나르는 바닷새 울음에 실려
흩어져 슬픈 사랑의 영혼들
닳아 오른 핏빛 추억으로
넋을 잃은 몸부림

하나도 마다 않고
끌어안아 다독이는
내 어머니 품안 같은

그대는
겨
울
바
다.

그 사진 속에

두어 번 남짓
산이 들 되고
들이 강 되고

우묵배미 논밭 수 없이
갈아 엎어
광대뼈 불거진 세월

여태도록 뭉클하게
스치면 그대로
자욱이 될
연한 새 순

가슴 한 켠 붙들고
숨 쉬는 게 있었다

매몰찬 비바람
벼랑 앞에
우뚝 서 돌아보는

한 자웅 꽃사슴

물끼 어린
애련한 눈망울
흩어진 기억으로 남아

청순한 향내 고스란히
웃는 듯
울음 울고 서 있네.

내 유년의 사월

끓이면
한 사발이
두 서너 사발은
조이 되었다

풀어져 맥없는 죽이어도
목은 더욱
길어지고

참 삐비, 억새 삐비, 까치밥에
자운영, 독쐐기풀 헤매이다
한 뼘 더 당겨
허리띠 졸라 맨 어린 시절

서산마루에 걸린
빠알간 능금 한 알이
달음질쳤다

퀭하니 빛바랜 흑백 사진

기억의 심지 돋우고

그땐 그래도
가슴팍 골골이
더운 샘물 솟았었다.

빼꾸기

붉어진 눈매
하늘만한 그리움
다시금 새로워

굵어진 빗방울은
담고 가신
님의 피울음 인가요

내 살던 정든 고샅
못잊어
내내 못잊어

휘-
한 바퀴 둘러보려
보리누름 바람잔등에
얹혀오시었나요

오, 나의 친정아버님.

세상 사람들아

젖줄 따라 스민 빗물로
허물벗는 대지는
다부지게 끌어올린
그 섭리로
아름다이 벙그는 꽃들

앵도라지는 마음
하- 모를 일이다
입을 섞고
눈을 마주하고
숨쉬기 수백 날

허나
오묘하게 흐르는
그 마음의 빛깔은
알 수 없는 일이다

곤두세운 민감성 촉각으로도
튈는지 안으로

다독일지
향방을 가늠치 못해
구슬땀 알알이 맺힌
수고로운 성숙의 열매

단지
눈가린 질투,
이미 활시위를 떠난
화살이여

피멍든 채
피어나는 불꽃 가슴
쓸어안아 추스르며

사람들아
세상 사람들아
정작으로 고운 것은 곱게 볼 줄 아는
마음의 빗장을 열어야 하리.

시집가는 막내

슬픔으로
감격으로
물보라가 인다

웅죄이며 도사리고 있던
수심 한 자락
축복이랑 환희로 여울지던 날

천지는
오색으로 봄을 피우나
오로지 들러리로 설 뿐
오늘 너는
세상에서 으뜸가는
수려한 꽃이다

청실홍실 엮어서
사랑 수 놓으며
원앙처럼 한 세상을
살아야 하리

옥합으로 건네는 복된 말씀
가슴에 깊이 심고
벙그는 기쁨에 젖는
내 막내아우야.

주목 나무

비껴가는 바람사이
늘 푸른 잎새들은
사차원의 뫼비우스띠로
다사로운
어머니의 입김

모퉁이 돌아가는
겨울의 뒷그림자에 이어
수액 끌어 올리는
그 무한한
신비의 힘은

손때 절은 채마밭에서
영근 이슬로
그 젖줄은 오는가

여린 채 좁은 가슴
하늘 우러러
지칠 줄 모르는 초록은

퍼내어도
퍼내어도
바닥나지 않는
어머니의 사랑이어라.

가시는 길

누운 잎
서럽게 우짖어라

재 넘던 검은 구름
갈 까마귀 곡조로
흩뿌려지던 한 밤

소리 없는 칼바람
끝내
고뇌 겨운 한 가닥 숨결

옛 그리며 애도하다
사위는 혈맥은
이승을 좁혀가며
가진 것 남은 것
빈 마음으로
죄다 벗고

나즈막한

노승의 시다림尸茶林 속에
한 벌 베옷으로
귀천하는 혼백이여

매듭은 쇠고랑 되어
피안의 터널을 타고
까아만 수면 속으로
침잠한다

흐르는 세월타고
누군들
가지 않으랴마는 이 길을.

이팝나무꽃

찬바람 에이던 겨우내
핼쓱함이더니
잎진 자리 연두 웃음
다시 푸르러
중천에 노니는 봄 아낙에
손짓 부르는
한 무리 백설기

가지마다 조촐한 순백의 영혼
비탈진 바람의 둔덕
턱에서 목으로 흐르는 열린 곡선은
아름다이 너그러운 자태

바람불면 곱사등의
하이얀 흔들림은
온 몸으로 나분대는 무구한
소녀의 웃음

물들지 않은 네 청아한 순수

숭어리로 흐르는 곁허
코끝에 엉겨 붙는 향일랑
얼굴에 비할까

수수하므로 쉬이 정박하는
내 어머니 품안 같은
이팝나무 꽃이여.

거듭나기

무리지어 서있는 억새풀
버팀목 따라
멈춘 듯 흐르는
속 깊은 강물

늘 포르란
그 얼굴
간절한 그리움덩이로
쉬임없이 흐르다가

너는 나에게
나는 너에게

신 새벽을 여는 동창이 되리니
뼈 속까지 잦아드는
뿌듯함일진대

꺾어서 애틋이 넘치는 속정
그만 사위어질까 더욱

영롱하게 불거져
매달린 천년외등은
묶어 놓은 붉은 혼으로
거듭나는
실팍진 끈이어라.

나의 詩

열린 마음으로
은밀히 교감하는
내면의 미동이다

오로지 육탈된 영혼의
교합은 늘
푸르름으로 변신하고

센 물살의 여울목
뜨거운 가슴은
환희로 여울져
새로이 태어나고자

가없이 깊어지는
내 영혼의 대화는
용트림하며
군중속의 불꽃으로
부단히 유영한다.

봄이 오는 길목

빈 가지
삭풍의
마지막 몸짓

골짜기의 잔설이
내일의 향방을 일러도
아직은
먼발치에서
서성이는 그대여

어디 메쯤
부푼 가슴
높푸른 하늘로 비상하는
잎눈들에
꽃등 매어 달려는가

굽이굽이 이랑마다
연두 빛으로
젖무덤 부풀리려는가

옷섶 파고드는
꽃샘 바람아

무더기로 내리는 노오란 햇살타고
소리 없이 다가서는
그대 발걸음

겨울잠 깨어난 흙더미
아지랑이 꿈꾸며
허물을 벗고
눈트는 함성으로
파란애기
어느새 귀빠지고 있다.

향적봉

긴 줄 하나에 목숨을 걸고
곡예를 한다
호흡도 멈춘 침묵 속에
힘에 겨운지
슬핏 머무르다
다시 오른다

기암괴석
휘영청 늘어진 은사시나무는
온통
흰눈으로 투갑을 하고
태양은
눈雪을 더욱 희게 부신다

순백의 고요는
설원의 칼바람도 잠재웠나

해발 일천육백여 고지
눈보라의 심한 매질에도

굴하지 않고
거기
향적봉은 의연했다

*향적봉: 무주 덕유산에 위치하고 있는 최정상의 산봉우리.

캄보디아 기행 · 1

- 수상 촌 사람들

가난의 굴레 속에
아무런 할 일이 없어
시간을 태우고

저 먼 곳
수평선을 응시하는
초점 잃은 눈동자
먹가물치 닮은
수상 촌 사람들

지구 저편에서 들려오는
배곯는 소리

불을 켜지 못해 밤이면
암흑에로의 초대를 받는
"캄보디아"

지독한 빈곤 속에
'앙코르 왓트' 유적의 의미는

'자야바르만 7세' 의 미소가 번질 때

그네들은
내일 새로이 떠오르는
태양을 본다.

캄보디아 기행 · 2
- 원달러

강렬한 태양이
남국의 하늘에 눈이 부신데
한 대의 관광버스가 들어선다

수런수런
주위가 바빠지더니
눈빛 번득이며 몰려드는
올망졸망한 어린아이들

지친 가난 속
먼지를 뒤집어 쓴 채
공부는 저 멀리

맨 발로 '원 달러' 를 외치며
하루의 목숨을 건다

먼 발치에는
애처로운 엄마, 그 엄마는
아이의 가난을 주문한다.

빠리 · 1
- 콰지모도의 비가悲歌

저마다 다른 이름으로
역사의 의미를 담고
서 있는 다리들

서른 하고도 다섯 개의
육중한 다리를 거느리고
세-느강은 흐른다
멈춘 듯 흐른다

뱃전에 부서지는
연인들의 속살거림에서
알 수 없는 이국의 언어들까지
쉬임없이 흐른다

고전의 향기를 뿜으며
우리의 시선을 머물게 하는
금빛 찬란한 중세의 문화
그 위력이
깊은 숨을 몰아 내 쉰다

노틀담 성당의
중후한 종소리는
순정을 불사르고
생을 사위어가던
'콰지모도' 의 슬픈 노래가
빠리의 근교를 맴 돈다

바래봉 철쭉

그리워 그리다가
오늘 만난 그대

어쩜
이다지도
소박하고 화사할까

온통
분홍 옷에
분홍빛 융단 위를

분홍빛 꽃구름 타고
시집가는 새악시여

겨우 내내
산 이슬로 머리 감고
골안개로 분단장하여
이토록 곱게 무리를 지었구나

고원의 바람 따라 흐무지게 피어나
흐드러지는 그대
바래봉 철쭉이여.

겨울

- 철새

입동이 지나니
밤이면 검은 물체들이
무리지어 날아든다

그네들의 겨울여행이다

우거진 갈대숲을 끼고 멀리
고니 일가족, 가창오리떼가
무리로 둥지를 튼다

낮이면 서서히 휴식을 취하고
힘을 모아서
저녁노을 붉게 타오르면
일제히 비상하는 가창오리 떼

약속된 질서 속에 급변하는 방향키는
아름다운 군무로
꿈결 같기만 한데

수평선 넘어 일몰 속
새로운 삶터를 찾아
날아드는 겨울새.

묶음셋

달빛 사랑

산호섬 씨 워킹

잡힐 듯 잡히지 않는
열대어들 사이로
에메랄드빛 물결 흐른다

에어 써플라이 헬멧을 머리에 쓰고
미끄러지듯 잠수한다
낯선 이방인들의 출현에
놀란 해저생물들

숨죽이며 움츠리는 어여쁜 산호초들
다시 평온을 찾으며
화려하게 부활하는 그 모습이란

조그만 빵 먹이에
우르르 몰려들어
순식간에 에워싸는 희귀한 열대어 떼

동화속의 인어공주가 되어
손에 손잡고

서서히 빨려 들어갔다.

처음이자 마지막이라고
써 있는 깃발이
나부끼고 있다.

* 산호섬: 태국의 파타야에 있음.

송광사의 아침

옷섶 파고드는 새벽 찬바람 속
뿌우연 골안개 가르며
여명의 편백 숲을 지나면
도란도란 낮은 키의 배롱나무 가지 사이
나르는 한 자웅 귀조의 전령으로
대웅전 앞뜰에 다다르니
수 세월 수절한 송광사는
여울진 그리움으로 서 있다

해린선사의 은총이
십육국사를 뫼신 영광이
종고루의 범종으로 울려오고

코끝 휘감는 엄숙한 향내음에
그만 숙연해져
대자대비 극락왕생 나무관세음 보살
마알가니 비워져
넉넉하다

비사리구시 앞에 선 여행객의
놀란 눈동자 속
아침 해는 유유히 지난다.

*해린선사: 송광사를 창건한 스님.
*비사리구시: 싸리나무로 만들어진 7가마의 밥을 보관하던 매우 커다란 도구로서 송광사의 3대 명물중의 하나.

별사랑

그대
여린 내 가슴
헤집고 들어와
영롱한 샛별일 때

나 또한
고동치는
빛 고운 햇살로
돛 높이 올리고
일월을 항해한다

늘
허물 벗는 신선함으로
어깨 감싸는
그대

언제던가
싱그런 속잎
눈 틔우며 무궁하게

마음 닿던 날.

질화로에 다독인 불씨는
소중한 기원
그대 가슴은
남국의 빛깔로
물무늬 진다.

광활한 밤바다
그 어두움 속에서도
한 동아리로
거듭 부활하며

사랑이란 이름의
별로 뜬다.

연가 · 1

바람 사운대며
하늘 낮아지는 날이면
그리움의 해일로
속울음 잣던 물레
흐느끼고 맙니다

질긴 명주실 타고
켜켜로 따라와 감기는
달가운 그대여

낮이면
햇살 모아 물망초
들판 가득 피워 올리고
밤이면
달빛 살라 월견초
무리로 피워 올립니다

어디서
바람 부는지 모릅니다

정적 속에 허전한 내 뿌리
훅 훅 흔들고 가는 바람
다독이고 별 우러르면

아득히 그대
낮은 목소리로
돌처럼
돌처럼
천년을 돌처럼

정녕
지워지지 않는 물감으로
곱게 물들여
속 깊은 곳 묻어 둔 자리

그리움의 해일 일어
속울음 잣는 밤이면
살며시 꺼내보고
다시
접어 둡니다.

연가 · 2

길어진 목으로
석양을 마름하며
땅거미 스믈거리는 정자나무에
어둠이 내릴 때
행여나 그대
발소리인가
귀 크게 엽니다

해 종일 머물다 지친 눈길
이랑마다 그렁그렁 맺혀오는 서름은
송진 나는 청솔가지 지펴
저녁 짓는 매콤한 연기 때문만은 아닙니다

더욱 또렷이 살아나는
그대 아련한 모습에
바알간 모습으로
뒤돌아 눕는 그리움,
그리움 때문입니다.

연가 · 3

스르르르
꿈결처럼
물 위를 걷는 사람

청자 빛 우주를 건너
은하타고
달려오는 사람

비포장 수만리 길 아득도 한데
가까워라
소슬한 갈바람 등허리 타고
곱게 오는 사람

진종일
사립에 꽂혀 부르튼 눈꺼풀
돌아앉아 차디찬 물로 씻으면

눈물이 고인 가슴
그대는 알까?

오랜만의 외출

어찌할까
안면 근육은 씰룩거리고
속살을 이미 보여 가슴은 뛰고

아무도 모르리라던 내 족적까지도
네 눈길엔
심상치 않다

참으로
오랜만의 내 외출은
물밑으로 깊으려 하였지만

어찌할까

너에게 기어코
속을 보이고 말았다.

내게 그는

먼 데
여명의 등허리 타고
천사의 노래
축복으로 내려

산마다
들마다
새 순 돋우고
꽃등 매달아
축제의 물결 이룬다 해도

저 밑바닥
뒤엉킨 늪 속의 군중들
밀치고 당기는
곡예의 모험에 포로가 되어
이글거리는 오욕의 눈빛
활활 불타
소름 돋운다 해도

내게 그는
사는 날까지 이대로
죽는 날까지 이대로

돌처럼
돌처럼
변치 말라 이르네.

달빛 사랑

나는 보았다
모두들 훌 훌 벗고 있는 것을

고정관념의 늪 속에
목 졸려 있던
생각 속의 생각들이
한 꺼풀씩 게우며
집단으로 탈출하고 있는 것을

견고했던 철책은
무너져 이미
이승을 뜨고 있었다

에덴동산의 하늘이
처음 열리고
아담과 이브의 창세기적 만남이
지극한 순수 속을
사랑으로 유영하듯

우리의 폐부를 뚫고 있는 것은
상큼한 밤바람을 타고
밀려드는 무구한 사랑

그림자 없는
달
빛
사
랑.

그 해 여름에는

눈이 시리도록 찬란한
햇살 한 줌
가슴 떨림으로 여울지고 있었습니다

너무 깊어 가랑이를
걷어부쳐 보아도
건널 수 없던
골 깊은 강물
모세의 기적 없이도
소리 없이 열리고 있었습니다

아스라이 높디높아
바라다보는 일만으로
접어 두었던 체념
노스트라담스의 예감 없이도
스르르 무너져 내리고 있었습니다

그
해

여
름
에
는.

사랑 · 1

아직 저에겐 자유가 없습니다
묶여져
떠날려도 떠날 수 없음은
마치 악어와 악어새
무언의 실팍한 밧줄은
그대가 제게 주신 금기입니다

또한
가녀리나 질긴 명주실은
그대 가슴에 촘촘히 짜 올린
제가 드린 금기입니다

제게 자유 없음과
그대 발목의 어여쁜 고랑은
한 곳을 영원히
같이 보기 위함입니다.

사랑 · 3

제 삼의 실체였다
물빛 눈망울
가녀린 떨림
멈출 듯 이어지던 들숨, 날숨
그리고
아주 작은 스침까지에도
이미 강인한 생명력은
통 통 튀고 있었다

시간이 지날수록
팽팽해진 부름켜
물관부를 따라 흘러드는
진분홍 수액은
가릴 새 없이 스며들어

X차원에 머무르는
그것은 때가 된
제 삼의 실체였다.

바람타고

그대
이름만 떠올려도

수줍은 미소
온 몸을 감싸고

내 성안에
온 몸으로 부딪혀 와

설레임으로 열린 하루
부푼 내 가슴

난 그만
그대의 포로가 되어

행복의 닻
그리움에 실어 내린다.

만남

땡볕 한 나절
신열 토해 내던
그 해 팔월

날개 달린 이방인처럼
낯선 얼굴들로
더욱 찐득이던 날

한차례
염천 뚫고
지나던 먹구름
그 포효의
산울림

청량하게 사근대는
솔바람 불러

비 지나간 자리
정갈한

싱그러움으로 다가서는
먼 산아.

평행선

하나 될 수 없어
서러운 두 사람아

그 어디랴
시작부터 끝남까지

줄다는
공허 속에

눈빛 하나로
홀로인
사랑의 마음

억겁의 긴 세월
인고로 밤낮을 지켜보다
오로지
그림자로 정 붓는
허허로운 동반자여

가질 순 없어도
서로가 바라다 볼 수 있는
연인,
무시로 행복한 마음.

눈웃음 하나

내사
응어리진 가슴
물살로 치닫는
메숲진 골짜기

웃비 걷우던 그 날
다순 정 배인
눈웃음 하나
자맥질 거푸하다
위로 뜬다

고독한 향기로
떠도는 자
그 영혼 앞에
그만
차 오르는 숨결

뿌우연 동트임으로
걸려 있는

잊지 못할 그
눈웃음 하나.

만석리 해수욕장

멀리서도
한 눈에 알아보리만치
검으스레한 해변
확독에 보리를 박박 갈아대면
딱 일성 싶은 주먹만한 검은 돌들

수없이 끌어왔다 밀어내는
파도의 물살에
온갖 고초일랑
괴팍스런 성깔일랑
모두모두 곱게 다듬어졌다

어쩌다가 무리에서 떨어져 나온
쭈꾸미 한 마리
제 몸보다 커다란 검은 돌을
들어 올리는 빨판의 힘이 놀랍다

반짝이는 석영가루와 검은 모래알들이
햇빛에 속살거리며

눈을 부신다

무섭게 밀려오는 파도들에
손사래를 치며
저만큼 달려가
저물어 가는
남도의 풍광에 푹 빠져드니

칙칙한 피로가
말끔히 가신다

시간은 어드메 쯤
와 있는걸까.

넌 모르지

빈 가지 흔들며
침묵을 거스르는 바람아
넌 모르지

쉬임없이 밀려 왔다
밀려가는 하얀 파도야
넌 모르지

새 봄을 잉태하고
기지개 켜는 빈 들녘아
넌 모르지

물바가지에
깨 들어붙듯
소리 소문 없이
커 가는
그 들만의 사랑을.

와운 마을의 겨울

비탈을 타고
맵찬 골바람을 가르며
겨울 산을 오른다

볼을 후비며 내려치는
눈보라의 매몰찬 바람 끝 마디마디
쩍 쩍 달라붙는 검고 둥근 쇠 문고리
파르르 떠는
문풍지가
한 순간
내 유년의 겨울을 넘나든다

무릎을 넘는 쌓인 눈 속은
갑작스런 소인국

낯선 시간 속에
웃음꽃은 피어나고
줄지어 나있는 산짐승의 발자국에
와락

반가움과 보고픔은 교차된다

구름도
다리 접고 누워서 쉬었다 가는 곳
태고스런 와운 마을
겨울은 간다.

내 먼저 떠나가

꽃잎들
초록 풀잎들도
두 손 들어
기쁨에 진저리치며
반기던
눈빛과 눈빛

행복의 의미를 되새기며
사랑의 에너지로
충만 되었던 시간들

그를 향해 질주하는 마음
한시도 멈추지 않았고

주위의 사물은 빛을 내며
나를 에워 싸
등줄기엔 서늘한 전율

살을 꼬집어

꿈이 아님에
세상은 황홀하였다

어디서 왔던가
훅 훅
흔들고 가는 바람
흐릿해진 두 눈동자

한 잎 두 잎
빛바래어
흩어지는 마음

가물가물 꺼질 듯
애틋한 마음 한 자락
아직 남아

두 눈 내려 감아도
잊지 못할 마음과 마음

내 먼저 떠나가
그대 비우니

서러움이 온몸을 감싸네.

묶음 넷

가을 산

아, 우리의 고구려 · 1

-고구려 유적답사

머 언
이천여 년 전의 시간과 공간 속으로
서서히 빨려 들어갔다

은빛 날개는
상승기류를 타고 솟구쳐
온 몸을 휘감는 전율

황해를 가르며
만주벌판, 발해만을 지났다

고공의 안개 이슬
얼굴을 씻고
구름바다 헤치며

나아간다
천자天者의
아, 우리의 고구려.

아, 우리의 고구려 · 2
-환인 가는 길

가도 가도 끝없이
펼쳐진 옥수수 밭

이 쪽 끝에서
저 쪽 끝에서

괭이로 쇠스랑으로
고랑을 파고 김을 매고

더딘 문명에
아직도
말이 쟁기를 몰고
네 사람이 쟁기를 끌고

당나귀 수레에 소달구지
도로 복판을 행진하는 오리 떼

멀리 붉은
저녁노을에 검게 비친

한 쌍의 부부

밀레의 「만종」을 연상케 하고
타임머신은 거꾸로
달려갔다.

아, 우리의 고구려 · 3

-고구려 첫 둥지 환인

그리운 얼굴
애틋한 임의 손길
잃어버린 그대의 숨결

지금은 남의 땅,
주인 잃어 핼쓱한 얼굴
주몽의 후예들을 반긴다

고스란히

무성한 풀숲 속의
하고성자
상고성자
방치된 수박 밭에
서너 기의 방단 적석묘들

버려진 역사의 흔적 앞에
쓰라린 애환을
누가 곱씹는가.

아, 우리의 고구려 · 4

-압록강에서

유유히 흐르는 저 강.

영화 속에서
민족 시인들의 싯귀 속에서
들어보던 그 이름
애달픈 압록강이여

두고 온 山河
지금은 남의 江
주인 잃어 슬픈 우리의 江

멈춘 듯 흐르는
속 깊은 강

압록강은 알고 있다
고구려의 처음과 마지막을.

산 · 1

코 끝
싸한 수액 향그러이
온통 청록의 비단 휘어 감고
침묵하는 산은
일생을 앉은 채로
거듭 허물을 벗네

그 누구의
과오로 밀려와
죄다짐으로 뿌리 내린
푸른 앙금이기에
오지도 가지도 못하는
숙명의
슬픈 족쇄 채워졌는가

해종일
긴긴밤
허리 휘는 사연들

서러워
서러워도 못내
혼자서는 말을 못해
누군가의 부름으로
마침내
말문을 트는 산아.

산 · 2

머리칼 있는대로
하늘을 향해 순종하는 산은

계절을 앓다가
먼 길
여행에서 돌아 온 새들
지친 날개 접는
안식의 포근한 고향

제 그림자 에워싸고
스스로를 거두며
마른 가루 날리우는
그 날까지 그 모습은
푸른 이마도 다소곳이
자비의 버팀목으로

오로지 베풀기에
가슴골 널 깊은
부처님의 환생같다.

바래봉 가는 길

드넓은 초록
가슴에 품고
그윽히 내려다보는 눈길

비릿한 세속의 찌꺼기를 쓸어가 버린
세찬 빗줄기로
한껏 다가온 상큼한 초지草地

자르르르 윤기 도는
멋스런 소털 빛

고전적 향수는 눈을 뜨고
무리지은 누렁 소들에
신선하게 어우러지는 오월의 푸르름은

보고 또 보아도
느끼고 또 느껴도

싱그럼 그리고 청량함으로

쉬임없이
나의 오감과 접속한다

길게 누운 소 떼들
'달그랑 달그랑'
한가로이 되삭임질 마다
하늘로 오르는 소방울 소리

태고적 낙원이
예 아닐까.

아침 보도에서

가로수 뒤 곁
아침 보도 위에
바스라져 눕는
침묵을 본다

그 하이얀 잔해 위로
시공을 가로 지르며
되살아나는 영혼
길을 나선다

아스라히
멀어져 가던 것들
뒷모습은
알알이 오색 그리움

갈매빛 목소리로
다가와 출렁일 때
곱으로
무디어진 나의 오감은

일제히 날을 세우고

어느새
이정표 하나 알레그로로
토해 내고 있다.

가을 산

다정한
언제나 연인인 듯
늘
새로움으로 달뜨는
향그럽던 산은

에움길 따라
겨울채비 서두르며
우수수
이승을 뜨는
낙엽들의 만가 속에
숙연히
마른 갈잎의 내음으로
농익고

삭정이 끝 다람쥐
한 마리
가을 정취 데분다

제 그림자에 쌓여
스러지는 산 속의
동짓달 밤은 이르고야

멀리
솔숲 사이
대웅전의 점등은
세월의 부름켜를
어루만지며
가뭇없이 다가온다.

그 겨울의 끝

간간히
늦은 눈발 흩날리는
그 겨울의 끝

한 점 곡기도
한 방울 향유 없어도
둥글고 둥글게 커지기만 하던
그 빈 자리로
새어드는 시린 바람

방패 하나 마련 못한 채
맞딱뜨린 이제는
먼 사람아

그 음성
그 모습이
방황하는 내 기억들의
마지막 계단을 내리고

남은 잎 새 하나
마저
드러눕는다.

가을잎

여름내
모질던 가슴앓이가
추적추적
가을비로 내리는 날

가을 잎은
처절한 고독에 휩싸이다가
저마다 붉은 깃
곱게 단장하고

노-란 부리로는
사색을 쪼아
가을을 판다.

은행

청치마 내내
펄렁이던 여름
가으내 노오란 기도로
간구하더니

온통 신선한 투명
연두빛으로 새긴 얼은
영원한 청년기의 초상

사려 깊은 대화
그 날의 고뇌
두꺼운 표피로 승화하던 날

넌
다자란 몸 되어
홀로 선다

굳게 닫은 마음
알알이

안으로 여문 성숙은
자존의 오만으로
눈 높은 자리.

갈림길에서

찬 바람에
시린 영혼의 가지들
내뱉는
잔기침 소리에

머무르던 안개
골바람 따라 아픔으로
흔들린다

어깨 겯고 정다이
모두던 눈길

겯거니 틀거니 마침내
홀로 선 돛
한껏 부풀리며
아흔 그 각도로
뱃머리 돌릴 때
엎드린 채 신음하는
이미 추억인 것을

너와 나
말없음표가
온 몸 휘감는 앙금으로
처절할 때

가슴 가슴에 새김질하며
화석으로 눕는
내 기억의 편린들

새들
한 마리씩 떠나간다.

가을 단상

매달린 가랑잎의
한 가닥 미련은
아직도
더운 가슴팍에
잠자듯 깨어있는 파도 한 떼

가을 들녘
풀벌레의 미완성 교향곡
설움에 눈물이 얼룩진
그리움 한 소절

못다한
핏빛 언어들 깊숙이
심어 둔 속 뜻은
물 건너 해풍에
도져오는 꽃울음

잊었던 시간들이
소롯이 눈 떠

마중하려 함이던가

잎 지면
영낙없이 달려드는
환상이여.

폭포

그대는
욕심껏 젖무덤 애무하고
골짜기마다 돌아 나와

하이얀 입술로
통쾌히 웃어 제끼는
넘치는 힘
언제나 청춘입니다

부신 햇살 속
온 몸으로 광란하는 춤사위는
달려온 삶의
언저리에서 추락합니다

찬란한 흰 꽃무리
그대
조상들 혼의 뜨락에 이르는
이별여행입니다.

겨울나무

떠난 이들 메아리로
허공은 아득한데
빈 손 내 저으며
무슨 상념 날리우나.

다 벗은 알몸이

무덤 뒤로 피어나는
현란한 아지랑이
갓난아기 적 그 눈 틔움
환희를 생각다가

까칠한 얼굴로
빈 잔 들어 올려
뉘 잘못 사위려나

선채로 속죄하는 이

스러지는 햇살 따라 어디론가

길 떠나간
조각 난 사랑의 언어들

새도 오지 않는 스산한
황혼 속에

속살로 울음 잣는
이 계절의 파수꾼

살얼음 쪼는 늦 겨울비
노을 빛 담아
동면하는 갈 연인들의
써레질로 어우러질
촉촉한 토양

제 살 먹은 겨울나무
영혼 맑게
물오름 푸르레 피어 날
천년 보시報施여.

눈썰매

팽팽한 줄다리기
호기심 반 두려움 반

'탈까' 에 밀려난
'말까' 의 조각난 분신들
빙판에 구르고

하늘 향해 열린 마음으로
온갖 시름은
눈보라 속에서
꽃보라 되었다

눈 깜짝할 사이
미끄러져
종점에 닿아있어

우와-
하하하하-

아직도 손바닥엔
밧줄의 여운이 남아

비닐포대 미끄럼타기
내 유년의 기억 속으로
시간은 달려갔다.

어떤 생애

-하루살이

딱 하루만 허용된
영화를 위해
거의 두 해를

물 속에서
꾸물거리며 눈치를 살피다가
살며시 궤도수정을 한다
바깥세상으로

하나의 생애가 기록되는
아까운 스물 네 시간을
쪼개고 쪼개어 살다가
수직 강하한다

마지막 최대의 과업
종족본능의 짝짓기를 위해
다시 물 속으로 곤두박질치는 그들

물은 그들의

삶의 터전이고 근원이자
죽음의 블랙홀이다.

문門

그들은
나눔과 이어짐의 연속인 것을
들고 나온 자리다

나누어져
안은 새로운 문화의 시작
밖은 모두가 함께 하는 터다

문은 희망이고 새로움이자
폐쇄된 공간으로
절망과 숨죽임이다

안은 포근한 안식처이고
밖은 바람막이 없는 난들이다

안은 공포와 질식, 초조와 불안이자
밖은 자유와 평화, 안도와 기쁨으로 이어지는 축복이다

문은 언제나 두 개의 얼굴을 갖고 있다.

개나리

간밤의 천둥소리
끄덕없이

제자리 생글거리는
소녀의 웃음

살 속을 후비며
부딪던 모진 바람에도
꼬옥 잡고 놓지 않던

손가락 사이 얼굴 내밀어
반기는 수다쟁이의
못 다한 이야기로

제일 먼저 다가와
잿빛 암울
훌훌 벗겨간다.

사각지대

- 닭장속의 수탉

하루에도 수없이 목 비틀리는 죽임을 눈치 보며 뱅글 뱅글 돌아도 나갈 데는 더욱 없다

그래도 나는 거의 하루 두어 번씩 많은 식량으로 호강 받을 수 있는 것은 열심히 짝짓기를 한 나의 파트너들이 그 작은 공간에서 하루도 거르지 않고 피를 말리며 내어 놓는 동그란 분신, 그것의 덕분일 것이다

그리곤 다시 아무렇게나 죽지를 잡히기도 하고 꽁지깃이 뽑히기도 하고 등허리를 호되게 맞기도 하며 숨을 죽이다가 단 하나 뿐인 우리의 자유로 하루에 세 번씩 일제히 초상이 난다. 석양께 저녁을 알리는 울음을 거두고 어둠이 내리면 우리에게도 정적 속에 평화가. 내 고향의 풋풋한 푸성귀며 널려 있는 이스락 알갱이, 높다랗게 매달린 호화침대를 그리다가 스르르 위로 닫히는 무거운 눈꺼풀, 아마 언제인지 모르지만 우리에게도 진정한 데모크라시가 오려나 싶다.

| 작품해설 |

시의 서정적 이미지 관리

- 배순금의 시

채수영 | 시인, 문학평론가

| 작품해설 |

시의 서정적 이미지 관리

- 배순금의 시

채수영 | 시인, 문학평론가

1. 시의 표정보기

시는 바로 시인자신의 모든 이야기를 함축하는 일이기 때문에 가장 진솔한 일생을 바라보는 일이 될 것이다. 다시 말해서 시의 특성은 곧 시인의 삶에 대한 기록이면서 과거와 미래 그리고 현재의 표정을 관찰하는 방법이 된다는 점에서 진실의 기록이다. 물론 시적인 특징인 함축을 통해 나타내기 때문에 과거와 현재 그리고 미래조차 응축에 내포된다. 즉, 서정시는 오로지 현재라는 시점에서 조망眺望의 기교를 만나야 하기 때문에 독자는 항상 내면으로 통하는 길을 지키는 긴장緊張이 요구된다.

시에서 긴장은 시인이나 독자에게 필요한 덕목이다. 시인에게는 언어의 탄력이 필요한 이유이고 독자에게는 감동에 따르는 정서의 환기현상이 되기 때문이다. 물론 언어의 배열이나 생략 등 시적인 기교와 장치의 여부에 부응하는 종합적인 성분이 좌우하는 일종의 인상에 해당된다. 시는 언어를 재료로 하여 감정을 부추기는 일이 곧 시의 필요성과 연결된다는 점에서 시인은 항상 언어의 무게를 따지는 일이 우선되어야 한다.

배순금의 시는 다양한 소재의 특성을 들어야 할 것 같다. 자연현상에 대한 다양한 관심이 소재로 등장하고 삶의 방법이 그 나름으로 들어 있을 뿐만 아니라 생의 깊이를 방문한 나이에서 오는 원숙성이 있다. 이는 고뇌의 젊은 날을 보내고 뒤로 물러난 나이쯤에서 느끼는 사물과의 대화가 친숙성을 더하는가 하면 --이는 주로 회고의 정념情念으로 나타났다면 미래를 지향하는 소재는 희소한 것도 사실이다. 가을과 겨울의 계절 감각이 이를 뜻한다면 초목의 시적 대면이 많은 이유는 도시중심의 정서가 아닌 전원의 추억이 영향을 자극하는 인상이다. 그리움의 정서가 많은 편--이는 여린 생을 살아온 여적이 보이고 자식을 키우고 난 이후의 썰물에서 느끼는 허망의 뜻이 드러났고, 사랑의 반추가 드러난다. 그러나 간과할 수없는 지적-- 길이에서 긴 호흡이 특징이다. 이는 두 가지의 함정에 빠질 위험이 있다. 첫째는 시적인 특성에서 감상이 노출되거나 이미지를 장식적인 방법으로 흐를 염려가 있고 둘째는 긴 길이의 시는 항상 요설饒舌을 부추기는 위험이 있기 때문이다. 아울러 호흡의 길이를 끌고 가는 언어 운용運用의 기교를 갖추었는가를 생각해야하는 부담도 따르고 있다. 길면 꼬리가 잡히는 원리가 적용되는 이치를 숙고할 만한 조언일 것이다. 이제 특성의 문을 열고 배순금의 시적 향기의 숲으로 들어간다.

2. 무엇을 말하는가

1) 사랑과 그리움

사랑은 그 자신의 쾌락을 구하지 않으며 자신을 위해 어떤 것도 선택하지 않은 헌신이 자리할 때 그 마음에 찾아드는 신기루이면서 오아시스가 된다. 순간에 자리잡는 특징은 대상을 아름다움으로 포장하고 이를 영원의 장막으로 가릴 때, 사랑은 따스한 이름을 얻을 수 있을 것이기에 어머니의 사랑에서는 자애를, 이성의 사랑에서는 고귀한 꿈을 갖게 된다. 사랑의 단계는 우선 그리움이라는 언덕이 있고 그 언덕을 넘으면 푸른 이름을 가진 사랑의 정원에 들어간다면 거긴 행복한 나라의 이름을 얻는 자유가 다가온다. 그 최초의 조짐은 「빈 가슴」으로 시작된다. 비어있기 때문에 무언가를 채우려는

발상이 시작되기 때문이다. 이는 갈증이면서 그 갈증을 채우기 위해 새롭게 시작하는 의미에 이른다.

겨울로 내닫는
자주빛 노을이
수정 구슬을
지천至賤으로 토해 낼 때

그리움에 짓눌려
붉어진 두 눈동자

수믈거리는 문풍지 헤집고
귀향하는
한 줄기 된새바람은
정녕
그대의 전갈이런가

슬픔 가득
빈 가슴
만선되어 출렁인다.

-「빈 가슴」

시간은 겨울의 황혼 무렵이고, 공간은 문풍지가 우는 방안으로 설정되었으며 시적 화자의 의지를 대변하는 것은 바람--처절한 황혼이 채색된 겨울에 바람이 거센 힘으로 다가오는 위력이 곧 '그대의 전갈' 처럼 착각되어 시심을 자극한다. 이런 무드는 '슬픔 가득' 이라는 비

극적인 무드로 환생하여 '빈 가슴'을 점령하면서 출렁이는 정서가 그대에로 향하는 전갈이 된다. 무엇을 가져오는 가는 정황으로 보아 슬픈 이름이 연상된다. '된새바람'-높새바람의 아우성이 결코 부드러운 이름으로 부상될 수는 없기 때문이다.

그렇다면 시인은 비극의 확실한 중심에서 시를 만나고 있는가? 이는 실재가 아닐 수 있다. 왜냐하면 시는 상상의 산물이고 상상력으로 포장된 시심이 곧 시이기 때문이다. 그러나 시인의 정서가 지향志向하는 방향은 내성적이고 부드러운 사람에게서 느끼는 사고의 일종일 것이다. 내면적인 사람의 시적 취향과 외면적인 사람의 취향은 시에서 다르게 나타난다. 이는 성격과 상상이 결합하여 또 다른 세계를 구축하여 거기서 위안과 평안을 쟁취하려는 의도가 앞서기 때문이다. 가령 소월素月의 시가 갖는 지향은 내면적이고 여린 심성이 시에 스며있는 것처럼, 시인과 시어의 선택에는 항상 밀접한 정서적인 연결고리가 작용한다. 때문에 배순금의 시어는 실재의 모습과는 다른 상상의 길을 이해해야 한다.

이 계절엔 늘
성글어져 외롭다
귓전에 속삭이며
온몸으로 부딪다가

날으는 바닷새 울음에 실려
흩어져 슬픈 사랑의 영혼들
닳아 오른 핏빛 추억으로
넋을 잃은 몸부림

하나도 마다 않고
끌어안아 다독이는
내 어머니 품안 같은
그대는
겨
울
바
다.

-「겨울 바다 · 2」에서

'그대' 라는 미지未知의 대상과 겨울은 항상 연결되고 있다. 이런 이미지의 본질--겨울의 냉혹한 이미지는 따스함을 그리워하는 역설적인 표현으로 대체하고 있다. 이동移動의 느낌인 '바닷새' 에 이끌려 시인의 정서가 이동하는-- '핏빛의 추억' 이 붉은 색채와 결합하여 비장미를 연출하고, 넋을 잃은 신열이 동반하는 정점의 비극에서 길이 열리는 것이 어머니의 '품안' 이라는 따스함과 평화로운 정서가 '그대' 와 결합하지만 그대는 겨울 바다라는 곤혹스런 비유와 결합된다. 겨울의 추위를 '그대' 에게로 연결하면 추위라는 냉혹冷酷함이 따라오지만 어머니의 자애慈愛가 얼마나 시심을 녹이는가는 결국 역설적인 해석으로 유추할 뿐이다. 그대 =겨울바다=어머니의 품이라는 등식이 곧 배시인의 정서적 내면풍경인 점이다.

사랑은 인간이 도달하고자 꿈꾸는 최종 종착지일 것이다. 다시 말해서 사랑은 모든 종교가 추구하는 종점이고 인간 삶의 궁극이기 때문에 사랑의 실현은 곧 삶의 가치로 환산된다. 이상향이면서 자유의 중심인 곳이 사랑이다. 그러나 사랑의 이름에는 항시 그림자가 따라오는 경계가 있어야 한다. 사랑에 이르기 위해서는 건너야 하는 함정이 도사리고 있기 때문이다. 모든 시인은 사랑의 시 한 편을 건지기 위해 진력盡力하지만 그 속성은 저마다 다르게 나타난다. 예의 배시인도 사랑의 마음이 많은 편수로 사랑의 중심에 이르려 한다. 「별 사랑」, 「연가 1~2」, 「사랑 1~3」, 「평행선」 등은 이런 시인의 정서를 대변하고 있다.

아직 저에겐 자유가 없습니다
묶여져
떠나려도 떠날 수 없음은
마치 악어와 악어새

무언의 실팍한 밧줄은
그대가 제게 주신 금기입니다

또한

가녀리나 질긴 명주실은
그대 가슴에 촘촘히 짜 올린
제가 드린 금기입니다

제게 자유 없음과
그대 발목의 어여쁜 고랑은
한 곳을 영원히
같이 보기 위함입니다.

-「사랑 · 1」

사랑은 자유이면서 구속이라는 상반된 개념이 혼합하면서 둘이 하나로 결합을 꿈꾸는 가상이다. '실팍한 밧줄' 을 그대가 내게 주었다면 나는 '질긴 명주실' 을 그대에게 주었다는 사실은 약속 이전에 약속--서로가 서로를 묶는 것이 사랑의 본질이기 때문이다. 밧줄과 명주실로 서로를 속박하는 것은 곧 '영원히' 한 곳만을 바라보는 구속의 이미지로 결합된다는 뜻이다. 이는 배타적인 결합이 아니라 자의적이고 묵시적인 구속--서로가 원하는 구속이 곧 사랑의 근본이 된다. 이점에서 자유를 원하는 일면 구속이라는 이중성의 사랑은 장애이면서 그 장애가 곧 사랑의 실체로 이끌어주는 인자因子가 되는 이치이다.

질화로에 다독인 불씨는
소중한 기원

그대 가슴은
남국의 빛깔로
물무늬 진다.

광활한 밤바다
그 어두움 속에서도
한동아리로 거듭 부활하여
사랑이란 이름의
별로 뜬다

- 「별 사랑」에서

사랑을 지속하기 위해서는 마치 질화로에 불씨를 건사하는 것처럼 조심스럽고 소중한 다룸에서 연결된다. 어둠에서는 배려를, 햇살에서는 눈빛을 보내는 보호--사랑의 이름으로 가치를 가질 때, 비로소 어둠에서 사랑이라는 별이 빛으로 나타난다. 천상天上의 별은 고귀한 이미지이면서 상승의 가치 앞에 신비감을 준다. 하늘의 별을 만질 수 없지만, 어둠에서 빛을 발하고 길을 헤매는 나그네에게 인도자의 순결을 전달하는 별에서, 사랑의 이미지는 무게를 갖는 빛에 이르기 때문에 이중이미지의 효과를 극대화하고 있다.

배시인의 시는 그리움과 사랑이 많다는 것은 굳이 현실적인 연관을 갖는 것 보다 미지의 공간을 향하는 의식적인 상상으로 해석된다. 물론 명료함이 시의 본질은 아니다. 모호성(Ambiguity)이 시적인 본질이지만 의미의 일탈逸脫을 가져오는 것은 아니다. 시는 과학적인 의미의 구축을 가져올 때 비로소 언어의 다양성을 해석하는 것이기 때문이다. 그리움과 사랑은 다른 것이 아니라 하나의 이미지 속에 서로 다른 표정과 같다. 다음 시는 그런 속성을 예로 할 수 있다.

그대
이름만 떠올려도

수줍은 미소
온 몸을 감싸고

내 성안에
온몸으로 부딪혀와

설레임으로 열린 하루
부푼 내 가슴

난 그만
그대의 포로가 되어

행복의 닻
그리움으로 실어 내린다.

-「바람타고」

대상 앞에 작아지는 것은 사랑의 진수에 이르면 나타나는 현상이다. 왜냐하면 사랑에서는 자기自己가 없고 오로지 대상만이 크게 다가오기에 진실한 사랑에서는 자기가 대상에 내포되어진다. 이런 경험은 진실이라는 공간에서 만나는 행복의 종착지의 경험이다. 그대를 향하는 이름만으로도 '수줍은 미소' 가 가득해지고, 내 의식의 성안에 가득 차오는 기쁨과 설레는 하루의 행복감--이는 그대에게 포로가 된 구속拘束에의 행복을 만끽하는 역설인 셈이다. 이런 종말은 그리움으로 인해 행복의 정점으로 향하는 망아忘我의 경지-- 궁극의 행복에서 참된 우리의 성주가 되는 길을 발견한다. 이것이 사랑에 이르는 행복의 전부일 것이다. 배순금은 이런 사랑의 구축을 위해 시로 그의 생각을 나타내는 그리움과 사랑의 메시지인 것이다.

2)자식과 썰물

밀물이라는 뜻은 홍청이고 왕성한 혹은 가득찬 것들의 의미를 갖는다. 그러나 이와는 반대로 썰물이라는 말은 모든 것이 빠져나간 것의 공허 혹은 그런 심리적인 공황을 의미한다. 예를 들면 자식을 키우느라 바쁜 젊은 날엔 부대끼면서 고달프게 함께 사는 의미라면, 이와는 달리 장성하여 모두 곁을 떠나면 부모는 허무와 맞닥뜨리는 텅 빈 시간을 물려 받게 된다. 당연한 일이지만 훌훌 떠나버린 것 같은 심정은 외롭게 되고 고독이 출렁이게 된다. 「썰물」은 이런 상징성을 갖고 있다.

방방거리며
이리 뛰고 저리 닫는 동안
바쁨 속에 가리워진
아이들의 소리없는 아우성

빛깔 달리하며 유영하던
지난 시간들
속죄의 시공으로 난
면죄부의 리본을 달아
화살을 당긴다

아이들이 살갑다
살가운 아이들이
내 곁을 맴도는
이 행복은
사십여 년 만의
사랑일줄이야

무시로
묻어나던 고단함도
이제는

가벼워진 어깨 위로
스쳐가는 산뜻한 바람.

내려놓아 가뿐해진
환한 가슴

-「썰물 · 1」에서

아이들의 목소리는 삶의 향기였고 소란스런 일들은 추억이었기에 돌아보면 그도 고귀한 추억이고 아름다운 기억의 사연들이다. 추억이란 돌아보는 일 혹은 과거의 일들이 채색된 이름으로 다가올 때, 지난 시절의 일들은 소중한 풍경으로 살아난다. '아이들의 소리없는 아우성' 에 묻혀온 세월은 곧 자기 삶에 대한 층계層階이면서 행복한 자기발견의 빌미로 작용한다. '무시로 묻어나던 고단함' 이 돌아보면 '산뜻한 바람' 이라는 데서 현재에서 과거로의 여행에 만족함을 의미할 뿐만 아니라, '가뿐해진' 생의 무게가 한층 환한 가슴에 이르러 지난 세월의 가치가 더욱 돋보이는 이름이 될 수도 있다는 암시이다. 이 같은 이유는 자식들이 떠나는 것에 대한 소회所懷가 고독으로 휘갑한다는 뜻으로써, 다음 시는 그런 마음의 여로旅路를 암시한다.

가버린
바람 자락
밉지만은 않아
..........약.........
세찬 바람에
하나씩
사랑의 분신마다
그리움 매달아
커 가는 빈자리로

날려 보내는 기쁨이다가

다 내어주고는
허탈한 웃음으로
서걱이며 흔들릴 뿐

빈 들녘
둔덕에 그믐달이
서럽다.

-「억새풀」에서

마음이 공허할 때 고독은 다가온다. 이는 자기 발견에서 느끼는 일이기에 자각의 농도에 따라 공허의 함정이 삼키는 방향--고독은 그렇게 다가온다. 바쁘고 힘겨운 젊은 날이거나 세월의 언덕을 넘어가느라 고달픈 시절이 지나고 나면 어느 순간에 모두 짝을 찾아 저마다 떠나고 나면 비로소 자아의 발견--여기서 고독이 깃든다. '허탈한 웃음' 이거나 그믐달--이는 시인 자신이 그믐달로 형상화하여 서러움을 인생에 대입한다.

늙어진다는 것은 고독의 맛이 더욱 강해진다. 때문에 자식에 대한 그리움과 애달픔이 짙어지고 이런 경향이 인생의 허무와 손을 잡게 된다. '빈 들녘' 의 그믐달을 연상하면 이런 징후는 마음 깊게 고독으로 포위된 형상을 의미한다. 그러나 일면 '훌훌 털어내어/개운해진 몸과 마음은/흐드러진 나만의 여유로/민 듯 감미롭다'「썰물 · 2」와 같이 가벼운 생각--비로소 인생의 짐에서 벗어난 홀가분한 여유를 만날 수도 있다는 뜻일 것이다.

3)육친에의 정

부모는 고향이고 안식처이기에 꿈을 저장하는 암시를 나타내면서 돌아가 의지하고 싶은 이름의 대명사다. 그러나 부재한 부모일 경우엔 안타까움에 대한 정회情懷가 한층 부풀어 오르기 마련이다. 이는 누구나 갖는 보편성의 마음이면서 이를 나타내는 것은 인간의 상정常情일지라도 애틋함을 부추기게 된다. 배시인의 경우는 「어머니」와 「뻐꾸기」로 부모의 정감을 나타내면서 어머니의 사랑을 「주목나무」에서는 비유로 표출하고 있다.

내 살던 정든 고샅
못잊어
내내 못잊어

휘--
한 바퀴 둘러보려
보리누름 바람잔등에
얹혀 오시었나요

오,
나의 친정 아버님.

-「뻐꾸기」에서

뻐꾸기 우는 무렵이 아버지와 연결고리를 형성하고 회상의 일념을 일군다. 보리가 익을 무렵의 나른한 햇살을 통해 아버지의 연상이 간절함으로 익혀있다. 시인이 살던 정든 골목길로 이어진 연상은 '굵어진 피울음'에서 아픔이 도져오고 '오,'의 감탄사에서 할 말이 막히는 아버지의 회상은 서글픈 인상을 남긴다. 아마도 부모를 회상하는 정감은 모두 다 애틋하고 서러울 수밖에 없다. 왜냐하면 가난이란 그물에 걸리어 허우적였던 일과 모조리 연결되기 때문이다.

> 모르고
> 이제껏 살았습니다
>
> 그저 철따라
> 피고 지는
> 꽃인 줄 알았습니다
> ....약....
> 아, 저며 오는
> 어미 마음
> 다는
> 지금도 알지 못합니다
> ....약..........
> 숭숭 뚫린
> 어머니의 등받이에
> 땡볕도
> 뒷걸음치는
> 엄숙함이여

문드러진 지문 속에
살아 숨쉬는
위대함이여.

-「어머니」에서

현재형에서 과거를 회상하는 구조의 시다. 오늘의 시인은 어머니가 되어 과거의 어머니를 연상하지만 아직도 알지 못하는 어머니의 마음--깊이와 넓이를 통해 저며 오는 어머니의 마음은 헤아릴 길이 없는 사랑의 진수일 뿐이다. 더불어 숭숭 뚫린 어머니의 등받이에 대한 애절함과 '문드러진 지문' 에서 고단한 세월에의 아픔이 절절해진다. 아버지의 '보리누름' 때와 어머니의 '문드러진 지문' 의 함수는 가난이라는 멍에를 지고 건너온 일-- '위대함이여' 에서 새삼 깊이에 닿는 모정의 감탄인 셈이다. 이는 '퍼내어도/퍼내어도/바닥나지 않는/어머니의 사랑이어라'「주목나무」에 이르면 감정의 절정絶頂이 말의 행방을 묘연하게 한다. 그만큼 사랑의 깨달음이라는 뜻에서 부모는 사랑으로 가는 영원한 길이라는 상징에 이른다.

4)삶 혹은 문을 지나기

사람은 살아있기 때문에 현실을 만들고 여기서 새로운 역사를 창출하기 위한 상상의 여정을 떠난다. 이는 오늘이라는 뒷받침이 없다면 인간의 역사는 공허한 이름으로 돌아가는 것을 뜻한다. 현실에 충실하다는 것은 곧 내일을 맞이할 가능의 시간을 확보한 사람이 된다는 뜻이다. 비록 하루살이의 일생일지라도 거기엔 진지와 탐색 그리고 성실한 소임이 이루어져야 하기 때문이다.

하나의 생애가 기록되는
아까운 스물 네 시간을
쪼개고 쪼개어 살다가
수직 강하한다

마지막 최대의 과업
종족본능의 짝짓기를 위해
다시 물 속으로 곤두박질치는 그들

물은 그들의 터전이고 근원이자
죽음의 불랙 홀이다

-「어떤 생애」에서

하루살이라는 부제副題가 있는 작품이다. 하루살이는 짧은 생을 살다가는 미생물--우주의 장구한 시간에서는 수유須臾의 찰나刹那이지만 하루살이 또한 하루를 살다가는 이치와 인간의 이치와는 시간의 차이가 있을 뿐 다름이 없는 일이다. 그러나 하루살이도 종족의 보존을 위해 짝을 찾고 결국 죽어가는 숙명적인 운명에 따름일 뿐--존재는 곧 죽음이라는 한계 속으로 들어간다. 죽음은 블랙 홀이라는 점에서 모든 존재의 가치는 일정하다는 뜻을 암시한다.

> 하루에도 수없이 목 비틀리는 죽임을 눈치 보며 뱅글뱅글 돌아도 나갈 데는 더욱 없다
>
> -「사각 지대」에서

수탉이 갇혀 사는 운명일지라도 꿈을 연상하고 하루를 정리하는 점에서 자발적인 운명의 소유자와 의타적인 운명에 대한 갈림이 나타난다. 분명 수탉은 우리에 갇혀 사는 존재이지만 그도 푸성귀의 미각味覺과 석양夕陽을 알리는 임무와 횃대에 대한 꿈들이 있다. 이를 달리 표현하면 인간도 지구라는 한계 속에서 벗어나지 못하는 존재일 뿐, 수탉의 운명과 다름이 없을 뿐이다. 닭장과 지구라는 크기에 따른 차별이 있을 뿐 결국 운명이 정한 길을 따라 언젠가는 돌아가는 존재라는 일치점에서 우화寓話적인 깨우침이 남는다. 특히 「문」에서는 철학적인 뉘앙스--사는 일이나 죽는 일이 본질에서는 다름이 없고 하나의 문에서 만나는 이치와 같다는 인상을 줄 때, 심사心思한 사고의 문으로 들어가게 된다. 예를 들면 비트겐슈타인의 '파리잡는 항아리' --이 항아리에 들어가면 파리는 영원히 나올 수없는 존재가 된다. 인간도 이 지구상에 태어나면 결코 나갈 수 없는 운명적인 존재

라는 뜻에서 형이상학적인 의미로 상승하는 시가 된다.

3. 에필로그--길 찾기의 운명

시는 대답을 말하는 길 찾기가 아니다. 다만 길에 대한 노래를 부를 때, 독자는 감동의 추수追隨를 거둘 뿐이다. 이는 개인차에 따라 서로 다른 이미지로 이해될 뿐만 아니라 다양한 이미지의 해답은 시를 살아나게 하는 요인이 된다. 때문에 한 편의 시에서 해답을 얻을 수도 있고, 문제를 다시 발견할 수도 있다.

배순금의 시에서는 해답을 얻는 일 보다는 문제의 깊이를 발견하는 것이 좋을 것이다. 이는 황혼의 풍경화에서 유유자적하는 생生에의 모습이 액자로 담겨있기도 하고, 추억을 찾아가는 아슬한 이름들이 나타나는 고향의 애정에서는 깊은 정감이 드러나고, 부모에의 사랑이 따스함으로 회고될 때, 인간의 세계가 새삼 포근해진다. 이는 오랜 연륜의 생에서 비롯되는 맛깔이라는 점에서 배순금의 시에는 마치 옛정에 그리움이 넘치는 고향을 방문하는 것 같은 뉘앙스를 남기는 시를 쓰는 차분한 어조(tone)의 시인이다.*

들꽃시선 99

사각지대

2008년 09월 15일 초판인쇄
2008년 09월 20일 초판펴냄

지은이/배순금

펴낸이/문창길

펴낸곳/도서출판 들꽃
주 소/100-273 서울 중구 필동3가 21-8 서울캐피탈빌딩 B202호
전 화/(02)2267-6833, 2273-1506
팩 스/(02)2268-7067
출판등록/제5-313호
E-mail:dlkot108@hanmail.net

값 7,000원
* 파본된 책은 바꾸어 드립니다.

ISBN 89-89607-120-0 04810
ISBN 89-951327-0-1 (세트)